Blech-
kuchen

OTUS Lifestyle

Inhalt

Vorwort 4

Einleitung 6

Klassische Blechkuchen ohne Obst 10

Köstliche Obstkuchen vom Blech 34

Herzhafte Kuchen & Tartes 60

Register 80

Vorwort

Alle lieben Blechkuchen! Und das hat seinen Grund, denn kaum ein anderer Kuchen bietet so viele Möglichkeiten, Teig und Belag immer wieder neu zu variieren – da ist wirklich für jeden etwas dabei. Sogar für jene, die mehr für Herzhaftes als für Süßes schwärmen. Für die Zubereitung können Sie Rührteige, Knet- oder Hefeteige verwenden. Beim Belegen zählt vor allem Ihr persönlicher Geschmack. Soll es ein Klassiker wie Bienenstich oder Donauwellen sein? Oder lieber Schoko-Brownies, die auf keiner Kindergeburtstagsfeier fehlen dürfen? Im Sommer sind frische Beerenkuchen ein Genuss und eine Augenweide, zu anderen Jahreszeiten werden Ihre Gäste von Apfelkuchen, Tiramisu- oder Cremeschnitten begeistert sein. Und das Tolle ist: Viele dieser Kuchen sind in gerade einmal einer halben Stunde gebacken. Der Überraschungsbesuch kann also ruhig kommen – und gleich bis zum Abendessen bleiben. Denn Flammkuchen, italienische Focaccia oder Zucchinikuchen sind leckere pikante Rezeptideen, die man je nach saisonalem Angebot auch ganz leicht abwandeln kann. Blättern Sie einfach in den in diesem Buch vorgestellten Rezepten, suchen Sie sich Ihren Lieblingskuchen aus oder probieren Sie eine eigene Rezeptvariation – bei Blechkuchen ist (fast) alles möglich!

Viel Spaß beim Backen und Naschen!

Blechkuchen

So einfach und lecker

Schnell und einfach? Aufwendig und raffiniert? Fruchtig-frisch oder lieber herzhaft pikant? Mit Blechkuchen ist alles möglich. Kaum ein anderer Kuchen lässt so viel Raum für Vorlieben und eigene Ideen! Man kann ihn aus dem zaubern, was Küche und Vorratskammer gerade hergeben, oder sich bei einem Spaziergang über den Markt vom Angebot an saisonalen Früchten inspirieren lassen. Darüber hinaus sind Blechkuchen ideal, wenn man mit vielen Gästen rechnet, den Kuchen transportieren muss, ihn einen Tag aufheben oder auf Vorrat einfrieren möchte. Was man bei der Zubereitung und beim Backen beachten sollte, erfahren Sie auf den folgenden Seiten.

Früchte-Einmaleins

Besonders beliebt sind Blechkuchen mit Obst. Und gerade in den Sommermonaten geht nichts über frische Zutaten. Verschiedene Beerensorten, Aprikosen, Birnen oder Äpfel können mit Sahne oder Quark, Streusel oder Baiser zu saftigen und teils exotischen Genüssen kombiniert werden. Beeren können Sie zudem gut einfrieren und noch gefroren verarbeiten. Auch eingelegtes Obst können Sie verwenden. Achten Sie jedoch darauf, es gut in einem Sieb abtropfen zu lassen, bevor Sie es weiterverarbeiten. Entscheiden Sie sich hingegen für frisches Obst, sollten Sie darauf achten, zu einwandfreier Ware zu greifen, denn angeschlagene Früchte verlieren schnell an Aroma.
Wenn Sie einen Obstkuchen backen, wird dieser immer etwas durchweichen. Das hält sich jedoch in Grenzen, wenn Sie keine überreifen Früchte verwenden und das Obst nach dem Waschen gut abtrocknen. Bei Beeren empfiehlt es sich, sie nur kurz in stehendem Wasser zu waschen, damit sie nicht beschädigt werden. Auf dem rohen oder gebackenen Kuchenboden können Sie vor dem Belegen auch eine feuchtigkeitsbindende Schicht auftra-

gen, z. B. Marmelade, flüssige Kuvertüre, Marzipan oder Plätzchen- und Zwiebackkrümel.

Die Vielfalt der Blechkuchenteige

Der Teig bildet die Basis eines jeden Blechkuchens. Ob Rührteig, Hefeteig oder Quark-Öl-Teig – hier sind die Möglichkeiten vielfältig.

Rührteig
Backpulver und Mixer machen aus diesem Teig eine „locker-leichte" Sache. Der Rührteig lässt sich mit vielen Zutaten verändern und verfeinern, allerdings eignet er sich nicht für pikante Blechkuchen. Achten Sie darauf, nicht zu lange zu rühren, sonst wird der Teig zäh, und schieben Sie Rührteigkuchen auch immer zügig in den Ofen.

Hefeteig
Normalerweise nimmt die Herstellung von Hefeteig etwas Zeit in Anspruch. Es gibt jedoch einige Methoden, mit denen man schneller ans Ziel kommt, weil dabei auf die Herstellung eines sogenannten Vorteigs verzichtet wird. Hefeteig lässt sich aber auch gut einfrieren und später in der Mikrowelle wieder auftauen. Dazu einen Teig aus 500 Gramm Mehl 20 Sekunden bei 300 Watt erwärmen, herausnehmen und ca. 5 Minuten abkühlen. Vorgang noch zweimal wiederholen.

Quark-Öl-Teig
Dieser Teig ist eine Mischung aus Rühr- und Knetteig. Er ist einfach und schnell gemacht und eignet sich für süßes Gebäck ebenso wie für pikante Kuchen. Beachten sollten Sie dabei, dass der Quark am besten über Nacht oder wenigstens mehrere Stunden im Sieb abtropfen muss, ehe Sie ihn weiterverarbeiten.

Tipps und Tricks

Eine spezielle Ernährungsweise, fehlende Zutaten oder Probleme bei der Zubereitung können einen schon einmal schnell vor eine Herausforderung stellen. Damit Sie Ihren Blechkuchen trotzdem genießen können, sollten Sie die folgenden Tipps beherzigen.

Backblech und Backpapier

Blechkuchen sind denkbar unkompliziert. Denn normalerweise ist jeder Ofen mit mindestens einem Backblech ausgestattet. Es lohnt sich, das Blech vor dem Backen mit Backpapier auszulegen. Der Kuchen löst sich dann mühelos vom Papier und das Blech muss nach dem Backen nicht von lästigen Teigresten gesäubert werden. Wenn Sie kein Backpapier verwenden, sollten Sie das Blech gut einfetten.

Vegane Blechkuchen

Rührteigkuchen können Sie normalerweise nicht nachbacken, wenn Sie auf Eier im Teig verzichten möchten – es sei denn, Sie verwenden Ersatzpulver. In Quark-Öl- oder in Hefeteigen können Sie das Ei jedoch auch ganz weglassen, denn es ist für den Backerfolg nicht ausschlaggebend. Veganer können darüber hinaus viele tierische Produkte durch pflanzliche ersetzen, etwa Margarine bzw. Öl statt Butter oder Sojamilch anstelle von Kuhmilch.

Kalorien reduzieren

Auch wer bei Selbstgebackenem auf einen geringen Kaloriengehalt achten möchte, hat hierzu verschiedene Möglichkeiten. Verwenden Sie z. B. Stevia in Pulverform oder Birkenzucker (Xylit) als Zuckerersatz (auf die richtige Dosierung achten!). Diese Zuckeralternativen sind sogar für Diabetiker geeignet. Auch wenn Sie eine Low-Carb-Ernährung bevorzugen, müssen Sie nicht auf leckere Kuchen verzichten. Neben der Verwendung von Zuckerersatzstoffen können Sie auch Weizenmehl ersetzen, z. B. durch Mandel- oder Kokosmehl. Diese sind zudem glutenfrei. Um die gewünschte Süße und Teigkonsistenz zu erhalten, ist allerdings etwas Experimentierfreude gefragt.

Wenn Zutaten fehlen

Ums Austauschen geht es auch, wenn Sie eine bestimmte Zutat einmal nicht im Haus haben. Bedenkenlos können Sie z. B. Butter gegen Margarine austauschen. Für Hefeteige können Sie statt Milch und Butter ersatzweise auch Öl und Wasser im Verhältnis 4 : 1 mischen. Wenn es an Milch fehlt, lässt sich stattdessen Buttermilch, Joghurt oder Wasser verwenden. Ebenso ersetzen Milch und Quark zu gleichen Teilen fehlenden Joghurt. Anstelle von Sultaninen können Sie Korinthen oder fein geschnittene Backpflaumen nehmen und für Speisestärke sind Mehl, Pudding- oder Vanillesoßenpulver ein guter Ersatz. Und sollte einmal kein Vanillezucker im Haus sein: Fein geriebene und unbehandelte Orangen- oder Zitronenschale sorgt für ein ähnliches Aroma.

Streusel herstellen

Streusel machen Obstkuchen noch feiner und verleihen herben Zutaten wie Rhabarber eine angenehme Süße. Für 1 Blech reichen 250 Gramm Mehl, 150 Gramm Zucker, 150 Gramm Butter oder Margarine, 1 Päckchen Vanillezucker und 1 Teelöffel gemahlener Zimt. Die Zutaten vermischt man mit der Gabel, der Hand oder der Küchenmaschine zu einer krümeligen Masse, verteilt die Streusel gleichmäßig auf dem Kuchen und backt sie einfach mit. Streusel lassen sich auch gut einfrieren, deshalb am besten gleich die doppelte Menge herstellen!

Zu dunkle Kuchen

Manchmal merkt man schon beim Backen, dass etwas schiefzugehen droht. Wenn Ihr Blechkuchen im Ofen z. B. auf der Oberseite zu schnell dunkel wird, decken Sie ihn am besten mit Alufolie oder Backpapier ab oder schieben ein weiteres Blech auf die darüberliegende Leiste. Ähnliches gilt, wenn der Kuchen von unten zu heiß wird: Schieben Sie einfach unter dem Kuchenblech ein weiteres Blech ein.

Blechkuchen einfrieren

Blechkuchen lassen sich (am besten in Portionen aufgeteilt) gut einfrieren und entweder bei Zimmertemperatur oder kurz im Ofen bei ca. 150–180 °C auftauen. Das geht jedoch nur bei Kuchen ohne Glasur, Guss oder Füllung. Grundsätzlich sollte man Gebackenes nicht länger als drei bis vier Monate einfrieren, da sonst das Aroma verloren geht. Rohen Teig einzufrieren, lohnt sich hingegen nur bei Hefeteig, alle anderen Teige sind auch frisch schnell gemacht. Wickeln Sie den Teig dazu in Folie ein, stellen Sie ihn über Nacht in den Kühlschrank und verarbeiten Sie ihn am nächsten Tag weiter.

Klassische Blechkuchen

ohne Obst

Gefüllter Bienenstich,
beliebter Klassiker

Zutaten

500 g Mehl
1 Würfel Hefe
300 g Zucker
750 ml Milch
1 Prise Salz
1 Ei
250 g Butter
1 Pck. Vanillezucker
2 EL Honig
800 g Sahne
150 g Mandelblättchen
5 Blatt Gelatine
1 Pck. Vanillepuddingpulver

Zubereitungszeit: ca. 1 Std. und 35 Min. (plus ca. 3 Std. Ruhezeit)
Für 12 Stücke

Zutatenliste

Zubereitung

1. Mehl in eine Schüssel sieben, Vertiefung eindrücken und Hefe hineinbröckeln. 1 gehäuften Esslöffel Zucker und 250 Milliliter Milch zugeben. Rühren, bis die Hefe sich aufgelöst hat, und ca. 10 Minuten gehen lassen. 80 Gramm Zucker, Salz, Ei und 100 Gramm weiche Butter in Flöckchen zugeben und alles mit dem Knethaken des Handrührgeräts verkneten. Teig ca. 40 Minuten zugedeckt an einem warmen Ort gehen lassen, bis sich das Volumen verdoppelt hat.

2. Restliche Butter, 100 Gramm Zucker, Vanillezucker, Honig und 3 Esslöffel Sahne verrühren und erhitzen. Kurz aufkochen lassen. Mandelblättchen unterrühren und unter gelegentlichem Rühren abkühlen lassen. Ofen auf 190 °C (Umluft: 170 °C) vorheizen. Teig kurz durchkneten, rechteckig ausrollen und in ein tiefes Blech legen. Belag darauf verteilen und nochmals kurz gehen lassen. Im vorgeheizten Ofen ca. 12–15 Minuten backen. Auskühlen lassen und in 12 Stücke schneiden. Stücke jeweils quer durchschneiden. Untere Hälften aufs Blech setzen. Obere Hälften beiseitestellen.

3. Gelatine ca. 5 Minuten in kaltem Wasser einweichen. Restliche Milch, übrigen Zucker und Puddingpulver nach Packungsanweisung zu einer Puddingcreme kochen. Ausgedrückte Gelatine einzeln einrühren und Masse gut abkühlen lassen. Sahne unterrühren. Untere Kuchenhälften mit Puddingcreme bestreichen, obere Hälften auflegen und ca. 3 Stunden kühl stellen, nicht abdecken und nicht in den Kühlschrank stellen.

Käse-Streusel-Kuchen
für die Kaffeetafel

Zutaten

220 g Butter
125 ml Milch
1/2 Würfel Hefe
400 g Mehl
390 g Zucker
1 Prise Salz
3 Eier
1 Pck. Vanillepuddingpulver
200 g Sahne
1 kg Magerquark
1 Msp. Zimt

Zubereitungszeit:
ca. 1 Std. und 20 Min.
Für 16 Stücke

Zubereitung

1. 40 Gramm Butter erhitzen und schmelzen lassen. Milch erwärmen und zerbröckelte Hefe darin auflösen. Mit 250 Gramm Mehl, 40 Gramm Zucker, Salz und 1 Ei zu einem glatten Teig verkneten und zugedeckt an einem warmen Ort gehen lassen.

2. Backofen auf 180 °C (Umluft: 160 °C) vorheizen. 80 Gramm Butter erwärmen und schmelzen lassen. Puddingpulver, restliche Eier und 200 Gramm Zucker verrühren.

3. Sahne, Quark und zerlassene Butter einrühren. Restliches Mehl, restlichen Zucker, restliche Butter und Zimt zu einer krümeligen Streuselmasse verkneten.

4. Teig auf einem mit Backpapier belegten Backblech ausrollen und einen Rand hochziehen. Füllung gleichmäßig auf dem Teig verteilen und Streusel darüberstreuen.

5. Im vorgeheizten Backofen ca. 55 Minuten backen und auskühlen lassen. In Stücke geschnitten servieren.

Zutatenliste

Schoko-Brownies,

lecker schokoladig

Zutaten

250 g Butter
600 g Zartbitterschokolade
1 Pck. Vanillezucker
420 g Zucker
6 Eier
280 g Mehl
1/2 Pck. Backpulver
1/2 TL Salz

Zubereitungszeit:
ca. 50 Min.
Für 1 Blech

Zubereitung

1. Backofen auf 180 °C (Umluft: 160 °C) vorheizen. Butter im Wasserbad erhitzen, 400 Gramm Schokolade darin schmelzen, glatt rühren und abkühlen lassen. Restliche Schokolade fein hacken.

2. Vanillezucker, Zucker und Eier gut verrühren. Schokomasse zugeben. Mehl mit Backpulver und Salz mischen und nach und nach unterrühren. Nicht zu lange rühren, sonst wird der Kuchen zäh. Gehackte Schokolade unter den Teig mischen.

3. Ein tiefes Backblech mit Backpapier auslegen. Teig gleichmäßig darauf verteilen. Kuchen ca. 20–25 Minuten im vorgeheizten Backofen backen (Garprobe machen) und vor dem Servieren auf einem Kuchengitter auskühlen lassen.

Tipp

Die Brownies können Sie nach Belieben variieren, z. B. mit gehackten Nüssen oder einer Schokoglasur. Fertige Brownies entweder dicht in Frischhaltefolie einwickeln oder mit einem Apfelschnitz in eine dicht schließende Blechdose geben. So bleiben sie drei bis vier Tage frisch.

Zutatenliste

Mandelkuchen vom Blech,

ofenfrisch köstlich

Zutaten

250 g Zucker
250 g Cremefine zum Schlagen (von Rama)
3 Eier
350 g Mehl
1 Pck. Backpulver
1 TL Zimt
1 Prise Salz
200 g Mandeln (gehackt)
200 g Margarine (z. B. Sanella)

Zubereitungszeit: ca. 45 Min.
Für 12 Stücke

Zubereitung

1. Backofen auf 200 °C (Umluft: 180 °C) vorheizen. Backblech mit Backpapier auslegen. 100 Gramm Zucker und 200 Gramm Cremefine mit den Quirlen des Handrührgeräts kurz verrühren. Eier nacheinander unterschlagen.

2. Mehl, Backpulver, Zimt und Salz vermischen und unter den Teig rühren. Teig auf dem Blech verteilen und im vorgeheizten Backofen ca. 10 Minuten backen.

3. Restlichen Zucker, restliche Cremefine und Mandeln mischen. Margarine bei kleiner Hitze schmelzen lassen und unterrühren.

4. Margarine-Mandel-Masse auf dem vorgebackenen Teig verteilen und Mandelkuchen weitere ca. 15 Minuten backen. Blechkuchen etwas abkühlen lassen und in Stücke schneiden.

Tipp

Mit einem herkömmlichen Teigroller lassen sich Blechkuchenteige kaum vernünftig auf dem Backblech ausrollen. Auch den Teig zuvor auf Blechgröße auszurollen und dann erst aufs Blech zu setzen ist mühsam und geht oft schief. Hier empfiehlt sich die Anschaffung einer speziellen Backblechrolle. Mit diesen kleinen Teigrollen können Sie den Teig auf dem Blech problemlos bis in die Ecken ausrollen.

Zutatenliste

Käsekuchen vom Blech
für die ganze Familie

Zutaten

140 g Butter und etwas Fett für das Blech
400 g Zucker
8 Eier
2 TL Backpulver
300 g Mehl
2 EL Zitronensaft
750 ml Milch
2 Pck. Vanillepuddingpulver
1 kg Quark
350 ml Öl

Zubereitungszeit: ca. 55 Min.
Für 1 Blech

Zubereitung

1. Backofen auf 200 °C (Umluft: 180 °C) vorheizen. Butter mit 140 Gramm Zucker, 2 Eiern, Backpulver und Mehl zu einem glatten Teig verkneten. Ein Blech mit hohem Rand oder eine Fettpfanne einfetten und Teig darin ausrollen.

2. 200 Gramm Zucker, 2 Eier und 4 Eigelbe verrühren. Zitronensaft und Milch mischen und zur Zucker-Ei-Mischung geben. Puddingpulver, Quark und Öl unterheben. Masse gleichmäßig auf dem Teigboden verteilen und glatt streichen. Im vorgeheizten Backofen ca. 30 Minuten backen.

3. Eiweiße steif schlagen und restlichen Zucker dabei behutsam einrieseln lassen. Auf der Quarkschicht verstreichen und weitere ca. 10 Minuten backen.

Tipp

Verwenden Sie möglichst frische Eier der Größe M. Bei anderen Größen kann es passieren, dass der Teig nicht die gewünschte Konsistenz erhält. Wichtig ist es auch, den fertig gebackenen Kuchen auf einem Kuchengitter vollständig auskühlen zu lassen. Besonders bei großen Käsekuchen vom Blech kann die Auskühlzeit schon einmal bis zu 7 Stunden betragen. Erst, wenn er vollständig ausgekühlt ist, lässt er sich gut anschneiden.

Zutatenliste

Klassische Donauwelle,
cremig und fruchtig

Zutaten

350 g Zucker
7 Eier
2 Pck. Vanillezucker
550 g Butter und etwas Fett für das Blech
450 g Mehl
3/4 Pck. Backpulver
1 Glas Sauerkirschen
1 EL Kakaopulver
500 ml Milch
1 Pck. Vanillepuddingpulver
1 Pck. Schokoladenglasur

Zubereitungszeit: ca. 1 Std. und 10 Min.
Für 20 Stücke

Zubereitung

1. Backofen auf 175 °C (Umluft: 155 °C) vorheizen. 300 Gramm Zucker, Eier und Vanillezucker schaumig schlagen. 300 Gramm Butter zugeben. Mehl und Backpulver mischen, sieben und unterheben. Eine Hälfte des Teigs auf ein gefettetes Backblech geben und glatt streichen. Kirschen gut abtropfen lassen und in den Teig drücken. Die andere Hälfte des Teigs mit Kakaopulver vermischen, auf den hellen Teig geben und glatt streichen. Kuchen ca. 30 Minuten im vorgeheizten Backofen backen.

2. 6 Esslöffel Milch abnehmen und beiseitestellen. Restliche Milch mit restlicher Butter aufkochen. Puddingpulver mit restlichem Zucker und beiseitegestellter Milch anrühren und in die Butter-Milch-Mischung geben. Noch einmal aufkochen. Creme sofort auf dem noch heißen Kuchen verteilen. Kuchen auskühlen lassen. Schokoladenglasur im Wasserbad schmelzen lassen und zügig auf dem Kuchen verteilen.

Tipp

Statt Kakaopulver kann man auch geschmolzene Zartbitterschokolade verwenden. Der Kuchen, der auch als Schneewittchenkuchen bekannt ist, schmeckt am besten, wenn er einen Tag vor dem Verzehr zubereitet wird.

Zutatenliste

Pudding-Schichtkuchen
mit Schokoglasur

Zutaten

80 g Schweineschmalz
1 1/2 TL Hirschhornsalz
500 g Mehl
125 g Puderzucker
1 Ei
1,3 l Milch
50 g Butter und etwas Fett für das Blech
9 EL Zucker
3 Pck. Vanillepuddingpulver
1 Pck. Schokoladenglasur
einige Schokoraspel für die Garnitur

Zubereitungszeit: ca. 1 Std. (plus ca. 12 Std. Ruhezeit)
Für 20 Stücke

Zubereitung

1. Backofen auf 180 °C (Umluft: 160 °C) vorheizen. Schweineschmalz zerlassen und Hirschhornsalz darin auflösen. Mit Mehl, gesiebtem Puderzucker und Ei verkneten und nur so viel Milch zugießen, dass sich ein weicher Teig bildet.

2. Teig in vier Portionen teilen. Jeweils auf Backblechgröße ausrollen und auf einem leicht gefetteten Blech nacheinander im vorgeheizten Backofen jeweils ca. 5 Minuten backen, bis der Teig ganz leicht bräunlich ist.

3. Von der übrigen Milch ca. 15 Esslöffel abnehmen, mit Zucker und Puddingpulver anrühren, restliche Milch zum Kochen bringen, vom Herd nehmen, angerührtes Puddingpulver einrühren und unter Rühren kurz aufkochen lassen. Butter einrühren. Pudding in drei Portionen aufteilen und noch warm in Schichten zwischen den Teigplatten verstreichen.

4. Kuchen über Nacht kalt stellen. Schokoladenglasur im Wasserbad erwärmen und gleichmäßig auf dem Kuchen verstreichen. Mit Schokoraspeln garnieren.

Zutatenliste

Kokosnuss-Kuchen,
schnell und einfach

Zutaten

225 g Zucker
2 Eier
500 ml Buttermilch
1 TL Vanilleextrakt
1 Pck. Backpulver
300 g Mehl
75 g Kokosflocken
200 g Sahne

Zubereitungszeit: ca. 40 Min.
Für 1 Blech

Zubereitung

1. Backofen auf 180 °C (Umluft: 160 °C) vorheizen. 150 Gramm Zucker und Eier schaumig schlagen, 300 Milliliter Buttermilch und Vanilleextrakt unterrühren. Backpulver und Mehl zum Teig sieben und kurz unterrühren, bis alles gut vermischt ist. Backblech mit Backpapier auslegen. Teig auf dem Backblech verteilen und glatt streichen.

2. Kokosflocken und restlichen Zucker vermischen und über den Teig streuen. Kuchen ca. 20 Minuten im vorgeheizten Backofen backen, bis die Kokosschicht etwas gebräunt ist. Garprobe machen.

3. Sahne und restliche Buttermilch mischen und über den noch warmen Kuchen gießen. Abkühlen und ruhen lassen, bis der Guss sich gesetzt hat.

Tipp

Der Kuchen eignet sich gut zum Vorbereiten, denn er schmeckt am besten, wenn er einen Tag bei Zimmertemperatur durchgezogen ist. Als Garnitur eignen sich frische Früchte, z. B. Erdbeeren.

Zutatenliste

Tiramisu-Kuchen, originelle Variante

Zutaten

250 g Margarine und etwas Fett für das Blech
2 Pck. Vanillinzucker
375 g Zucker
6 Eier
300 g Sahne
100 g Mandeln (gemahlen)
250 g Mehl
1 Pck. Backpulver
750 g Mascarpone
750 g Magerquark
1 Pck. Sahnesteif
2 EL Amaretto
3 EL kalter Espresso
250 g Amarettini
3 EL Kakaopulver

Zubereitungszeit: ca. 1 Std. (plus ca. 2 Std. Ruhezeit)
Für 16 Stücke

Zubereitung

1. Backofen auf 175 °C (Umluft: 155 °C) vorheizen. Margarine, 1 Päckchen Vanillinzucker und 200 Gramm Zucker cremig rühren. Eier nach und nach untermischen. 100 Gramm Sahne untermischen. Mandeln, Mehl und Backpulver vermischen und kurz unterrühren.

2. Teig auf einem gefetteten Blech verstreichen und im vorgeheizten Ofen ca. 20 Minuten backen. Kuchen vom Rand lösen und abkühlen lassen. Mascarpone, Quark, restlichen Zucker und restlichen Vanillinzucker verrühren.

3. Restliche Sahne mit Sahnesteif steif schlagen und unter die Mascarponecreme rühren. Teig quer halbieren. Amaretto und Espresso vermischen, Amarettini damit übergießen und zerdrücken.

4. Ein Drittel der Amarettini auf der Hälfte der Teigplatten verteilen und Hälfte der Creme darauf verstreichen. Eine Schicht Amarettini daraufgeben, restliche Teigplatten daraufsetzen, restliche Amarettini und restliche Mascarponecreme darüber verteilen. Ca. 2 Stunden kalt stellen und mit Kakaopulver bestäuben.

Zutatenliste

Tipp

Servieren Sie den Tiramisu-Kuchen doch einmal mit Schokoladensoße und einer Kugel Eis, z. B. Vanilleeis.

Serbische Krempita
(Blätterteig-Cremeschnitte)

Zutaten

1 Pck. Blätterteig (TK-Produkt)
4 Eier (getrennt)
200 g Zucker
1 Pck. Vanillezucker
80 g Mehl
700 ml Milch
Zitronensaft
200 g Sahne
etwas Puderzucker zum Bestäuben

Zubereitungszeit: ca. 1 Std. (plus ca. 2 Std. Ruhezeit)
Für 1 Blech

Zubereitung

1. Blätterteig halbieren und Teile jeweils auf Blechgröße ausrollen. Backofen auf 220 °C (Umluft: 200 °C) vorheizen. Teig mit einer Gabel mehrfach einstechen. Teigplatten einzeln im vorgeheizten Backofen ca. 20 Minuten backen.

2. Eigelbe in einem Topf mit 100 Gramm Zucker und Vanillezucker verrühren, Mehl zugeben und alles verrühren. Milch aufkochen lassen und Eigelb-Mehl-Mischung mit siedender Milch übergießen. So lange unter Rühren weiterköcheln lassen, bis die Creme dickflüssig ist. Etwas abkühlen lassen.

3. Eiweiße mit 50 Gramm Zucker steif schlagen und unter die Creme rühren, etwas Zitronensaft zufügen. Creme abkühlen lassen. Sahne mit restlichem Zucker sehr steif schlagen.

4. Eine Teigplatte in einer Fettpfanne mit Creme überziehen. Sahne darauf verteilen, zweite Teigplatte darüberlegen und mit Puderzucker bestreuen. Im Kühlschrank ca. 2 Stunden ruhen lassen.

Zutatenliste

Tipp

Es kann hilfreich sein, auf den Teigplatten vor dem Backen mit dem Messer Portionsstücke vorzuritzen. Der fertige Kuchen lässt sich dann sauberer anschneiden.

Mohn-Streusel-Kuchen

mit Grieß und Puddingpulver

Zutaten

630 g Zucker
580 g Butter und etwas Fett für das Blech
4 Eier
600 g Mehl (gesiebt)
1 Pck. Backpulver
1 l Milch
1/2 Pck. Vanillepuddingpulver
175 g Grieß
350 g Mohn
200 g Sahne
2 cl Amaretto
2 cl Rum
2 EL Puderzucker

Zubereitungszeit: ca. 1 Std. (plus ca. 30 Min. Ruhezeit)
Für 1 Blech

Zubereitung

1. Je 180 Gramm Zucker und weiche Butter schaumig rühren. 1 Ei unterschlagen. 350 Gramm Mehl und Backpulver unterkneten. Teig in Folie wickeln und ca. 30 Minuten kalt stellen.

2. Milch, 500 Milliliter Wasser und 300 Gramm Zucker aufkochen. Puddingpulver, Grieß und Mohn mischen und in die Milch rühren. Ca. 3 Minuten köcheln lassen. Vom Herd nehmen und 250 Gramm Butter in Flöckchen einrühren, bis sich die Butter aufgelöst hat. Füllung abkühlen lassen.

3. Backofen auf 200 °C (Umluft: 180 °C) vorheizen. Restliche Butter und restlichen Zucker mit restlichem Mehl mischen und zu Streuseln verarbeiten.

4. Teig auf Blechgröße ausrollen. Ein tiefes Blech einfetten und Teig darauflegen. Sahne mit restlichen Eiern verrühren und mit Amaretto und Rum abschmecken. Unter die Mohnmasse geben.

5. Gleichmäßig auf dem Teig verteilen und Streusel darüberstreuen. Ca. 30 Minuten im vorgeheizten Backofen backen. Kuchen herausnehmen, abkühlen lassen und mit Puderzucker bestäuben.

Zutatenliste

Köstliche Obstkuchen

vom Blech

Apfelkuchen
für jede Jahreszeit

Zutaten

1/2 Würfel Hefe
230 g Zucker
200 ml Milch
50 g Margarine (z. B. von Rama)
375 g Mehl
1 Prise Salz
2 kg Äpfel
1 unbehandelte Zitrone
75 g Rosinen
3 Eier
400 g Cremefine wie Crème fraîche zu verwenden (von Rama)
1 EL Puderzucker

Zubereitungszeit: ca. 1 Std. und 20 Min. (plus ca. 1 Std. Ruhezeit)
Für 1 Blech

Zubereitung

1. Zerbröckelte Hefe mit 1 Teelöffel Zucker in Milch auflösen. Zugedeckt an einem warmen Ort ca. 15 Minuten gehen lassen.

2. Margarine zerlassen. Mit Mehl, 75 Gramm Zucker und Salz in eine Schüssel geben. Hefemischung zugeben und zu einer glatten Teigkugel verkneten. Zugedeckt ca. 45 Minuten gehen lassen.

3. Äpfel waschen und nach Belieben schälen. Äpfel vierteln, Kerngehäuse entfernen und Äpfel in dünne Spalten schneiden. Zitronenschale fein abreiben und Saft auspressen. Äpfel, 50 Gramm Zucker, Zitronensaft und Rosinen mischen.

4. Backofen auf 200 °C (Umluft: 180 °C) vorheizen. Teig ausrollen und auf ein mit Backpapier ausgelegtes Backblech legen, dabei Rand hochziehen. Apfelmischung auf dem Teig verteilen.

5. Eier mit Cremefine, Zitronenschale und restlichem Zucker verschlagen und Äpfel damit übergießen. Apfelkuchen im vorgeheizten Backofen ca. 45 Minuten backen. Kuchen abkühlen lassen und mit Puderzucker bestäuben.

Zutatenliste

Leckerer Birnenkuchen
mit Amarettini und Mandeln

Zutaten

350 ml Milch
1 1/2 Würfel Hefe
650 g Mehl und etwas Mehl für die Fettpfanne
200 g Zucker
1 Ei
1 Prise Salz
175 g Butter und etwas Fett für die Fettpfanne
1,2 kg Birnen
3 EL Zitronensaft
2 EL Speisestärke
100 g Amarettini
100 g Mandeln (gehackt)

Zubereitungszeit: ca. 1 Std. und 30 Min. (plus ca. 1 Std. Ruhezeit)
Für 24 Stücke

Zutatenliste

Zubereitung

1. Milch erwärmen, Hefe zubröckeln und darin auflösen. Mehl, 125 Gramm Zucker, Ei und Salz in eine Rührschüssel geben. Erst Hefemilch, dann 75 Gramm weiche Butter mit den Knethaken des Handrührgeräts unterkneten und zu einem glatten Teig verarbeiten. Ca. 2–3 Minuten weiterkneten und zugedeckt ca. 45 Minuten gehen lassen. Birnen schälen, entkernen und klein schneiden. Mit 2 Esslöffeln Zucker und Zitronensaft mischen. Aufkochen und ca. 10 Minuten zugedeckt bei mittlerer Hitze köcheln lassen. Stärke mit 4 Esslöffeln Wasser glatt rühren, zum heißen Kompott geben, ca. 2 Minuten weiterköcheln und abkühlen lassen.

2. Fettpfanne einfetten und mit Mehl ausstreuen. Teig kurz durchkneten. Knapp zwei Drittel auf Größe der Fettpfanne ausrollen, hineinlegen und Rand hochdrücken. Zugedeckt ca. 15 Minuten gehen lassen. Ofen auf 200 °C (Umluft: 180 °C) vorheizen. Amarettini in einem Gefrierbeutel mit der Teigrolle zu Bröseln zerkleinern. Brösel auf den Teigboden streuen. Birnenmischung darauf verteilen. Restlichen Teig auf einem bemehlten Stück Backpapier rechteckig ausrollen. Mithilfe des Papiers auf den Belag stürzen. Papier entfernen und Teigränder festdrücken.

3. Mandeln und restlichen Zucker darüberstreuen. Restliche Butter in Flöckchen darauf verteilen. Im vorgeheizten Backofen ca. 20 Minuten backen, mit Alufolie abdecken, ca. 15 Minuten fertig backen und abkühlen lassen.

Johannisbeer-Kuchen
mit Baiserhaube

Zutaten

750 g rote Johannisbeeren
100 g Mandeln (gemahlen)
200 g Mehl
2 1/2 TL Backpulver
5 Eier
200 g Butter
380 g Zucker
Salz
2 Pck. Vanillezucker
5 EL Milch
1 EL Puderzucker

Zubereitungszeit: ca. 1 Std.
Für 12 Stücke

Zubereitung

1. Backofen auf 180 °C (Umluft: 160 °C) vorheizen. Johannisbeeren waschen und von den Rispen streifen. Mandeln, Mehl und Backpulver mischen.

2. Eier trennen. Butter, 180 Gramm Zucker, 1 Prise Salz und Vanillezucker mit den Quirlen des Handrührgeräts ca. 8 Minuten aufschlagen, bis eine weiße Creme entstanden ist. Eigelbe nach und nach unterrühren. Bei niedrigster Stufe abwechselnd Milch und Mehlmischung zufügen. Teig auf einem eingefetteten tiefen Backblech verstreichen und Johannisbeeren darauf verteilen.

3. Eiweiße mit 1 Prise Salz steif schlagen. Nach und nach restlichen Zucker zugeben und weiterrühren, bis ein fester Eischnee entstanden ist. Eischnee auf den Beeren verstreichen und mit Puderzucker bestreuen. Im vorgeheizten Backofen auf unterster Schiene ca. 35 Minuten backen und abkühlen lassen.

Tipp

Wer mehr Mandelgeschmack möchte, streut vor dem Backen noch Mandelblättchen auf den Eischnee. Der Kuchen schmeckt auch mit anderen Beerensorten wunderbar. Am besten frieren Sie in der Sommersaison verschiedene Sorten ein, dann können Sie bei Bedarf auf den Vorrat zurückgreifen.

Zutatenliste

Pflaumen-Streusel,
aromatische Köstlichkeit

Zutaten

1/2 Würfel Hefe
230 g Zucker
75 ml Milch
310 g Margarine (z. B. von Rama) und etwas Fett für das Blech
625 g Mehl
1 Prise Salz
1 Pck. Amaretto-Bittermandel-Aroma
1 Ei
200 g Cremefine wie Crème fraîche zu verwenden (von Rama)
2 kg Pflaumen
100 g Mandeln (gemahlen)

Zubereitungszeit: ca. 50 Min. (plus ca. 40 Min. Ruhezeit)
Für 24 Stücke

Zubereitung

1. Hefe zerbröckeln, mit 1 Teelöffel Zucker in lauwarmer Milch auflösen und ca. 10 Minuten gehen lassen. 60 Gramm Margarine schmelzen lassen, mit 375 Gramm Mehl, 75 Gramm Zucker, Salz, Amaretto-Bittermandel-Aroma, Ei und Cremefine in eine Rührschüssel geben, Hefemilch zugeben und alles mit den Knethaken des Handrührgeräts zu einem glatten Teig verarbeiten. Zugedeckt an einem warmen Ort ca. 30 Minuten gehen lassen.

2. Backofen auf 225 °C (Umluft: 205 °C) vorheizen. Pflaumen waschen, halbieren und entsteinen. Teig auf ein gefettetes Backblech geben und Pflaumen darauf verteilen

3. Restliches Mehl, restlichen Zucker, Mandeln und restliche Margarine mit einer Gabel vermengen und locker auf den Pflaumen verteilen. Im vorgeheizten Backofen ca. 30 Minuten backen. Mit Schlagsahne servieren.

Tipp

Reichen Sie dazu Vanillesahne: 250 Milliliter Schlagsahne und Puderzucker nach Geschmack mit dem Mark und den Schotenhälften einer halben Vanilleschote aufkochen lassen, vom Herd nehmen und ca. 10 Minuten ziehen lassen. Schote entfernen, Sahne mit Frischhaltefolie abgedeckt über Nacht in den Kühlschrank stellen und ca. 2–3 Minuten steif schlagen.

Zutatenliste

Kirsch-Nuss-Kuchen,
im Nu fertig

Zutaten

2 Gläser Sauerkirschen (Abtropfgewicht jeweils 370 g)
150 g Butter und etwas Fett für das Blech
150 g Zucker
4 Eier
300 g Mehl und etwas Mehl für das Blech
100 g Haselnüsse (gemahlen)
3 TL Backpulver
1 Pck. Vanillezucker
3 EL Puderzucker

Zubereitungszeit: ca. 35 Min.
Für 1 Blech

Zubereitung

1. Sauerkirschen in ein Sieb geben und abtropfen lassen. Butter schmelzen und abkühlen lassen. Zusammen mit Zucker und Eiern mit den Quirlen des Handrührgeräts verrühren.

2. Mehl mit Haselnüssen, Backpulver und Vanillezucker verrühren und nach und nach zur Buttermischung geben. Backofen auf 180 °C (Umluft: 160 °C) vorheizen.

3. Teig auf ein gefettetes und bemehltes Backblech geben und glatt streichen. Kirschen darauf verteilen.

4. Im vorgeheizten Backofen ca. 25 Minuten backen. Kuchen kalt werden lassen und mit Puderzucker bestreuen.

Tipp

Sie können den Kuchen auch mit einem Guss aus Puderzucker und aufgefangenem Kirschsaft bestreichen. Auch geschmolzene Schokolade, die über dem Kuchen verteilt wird, ist eine leckere Variante.

Zutatenliste

Rhabarber-Blechkuchen,
süß trifft säuerlich

Zutaten

1 kg Rhabarber
200 g Marzipanrohmasse
225 g Margarine und etwas Fett für das Blech
125 g Zucker
2 Pck. Vanillezucker
1 Prise Salz
6 Eier
375 g Mehl
1 Pck. Backpulver
4 EL Milch

Zubereitungszeit: ca. 50 Min.
Für 24 Stücke

Zubereitung

1. Rhabarber waschen, in mundgerechte Stücke schneiden und in einem Sieb abtropfen lassen. Marzipan in Würfel schneiden.

2. Margarine, Zucker, 1 Päckchen Vanillezucker, Marzipan und Salz mit den Quirlen des Handrührgeräts cremig rühren.

3. Eier einzeln unterheben. Mehl und Backpulver vermischen und abwechselnd mit Milch unterrühren. Backofen auf 175 °C (Umluft: 155 °C) vorheizen. Teig auf ein gut gefettetes, tiefes Backblech geben und glatt streichen. Rhabarber darauf verteilen.

4. Im vorgeheizten Backofen ca. 30 Minuten backen. Herausnehmen und auf einem Gitter abkühlen lassen.

Tipp

Frischer Rhabarber sollte nach dem Johannistag am 24. Juni nicht mehr verwendet werden, er reichert sonst zu viel Oxalsäure an, die in hohen Mengen gesundheitsschädlich ist.

Zutatenliste

Ananas-Streuselkuchen,
exotischer Genuss

Zutaten

1 Dose Ananas (Abtropfgewicht 490 g)
250 g Sahne
125 g Butter
600 g Mehl
85 g Kokosraspel
300 g Zucker
5 Eier
Salz
1 Pck. Backpulver

Zubereitungszeit: ca. 45 Min.
Für 20 Stücke

Zubereitung

1. Ananas in einem Sieb abtropfen lassen. Saft dabei auffangen. Sahne in einer Rührschüssel kalt stellen. Butter, 150 Gramm Mehl, Kokosraspel und 100 Gramm Zucker mit den Händen zu Streuseln verarbeiten und ebenfalls kalt stellen.

2. Backofen auf 150 °C (Umluft: 130 °C) vorheizen. Ananassaft und restlichen Zucker zur Sahne geben und ca. 5 Minuten verrühren. Eier einzeln unterrühren. Salz, restliches Mehl und Backpulver sieben und unterheben.

3. Backblech mit Backpapier auslegen. Teig auf dem Blech verstreichen. Ananasscheiben gleichmäßig darauf verteilen und Streusel darübergeben. Im vorgeheizten Backofen ca. 35 Minuten backen und abkühlen lassen.

Tipp

Vor allem, wenn sich spontan Gäste ankündigen und es schnell gehen muss, ist Obst aus der Dose oder dem Glas ideal. So sparen Sie sich die Zeit zum Schneiden und Entkernen der Früchte. Bei Zeitmangel sollen Sie zuallererst den Ofen vorheizen. Auf das Vorheizen sollten Sie keinesfalls verzichten, da der Backvorgang sonst länger dauert. Außerdem kann es dann passieren, dass der Kuchen außen verbrennt, während er innen noch nicht durchgebacken ist.

Zutatenliste

Zitronen-Blechkuchen, saftig und frisch

Zutaten

400 g Butter
8 Eier
400 g Zucker
2 Pck. Vanillezucker
400 g Mehl
1 Pck. Backpulver
3 unbehandelte Zitronen
2 EL Puderzucker

Zubereitungszeit: ca. 55 Min.
Für 10–15 Stücke

Zubereitung

1. Backblech mit Backpapier auslegen. Backofen auf 190 °C (Umluft: 170 °C) vorheizen. Butter, Eier, Zucker und Vanillezucker zügig zu einem schaumigen Teig verrühren.

2. Mehl und Backpulver mischen, Saft und abgeriebene Schale von 1 Zitrone gut einrühren. Fertigen Teig auf das Blech geben und glatt streichen.

3. Im vorgeheizten Backofen ca. 35–45 Minuten backen. Saft der restlichen Zitronen mit 1 Esslöffel Puderzucker verrühren und heißen Kuchen damit beträufeln.

4. Kuchen abkühlen lassen und mit restlichem Puderzucker bestreuen.

Tipp

Auch unbehandelte Zitronen müssen, wenn die Schale verwendet werden soll, gründlich abgewaschen werden. Da Zitrusfrüchte eine natürliche Wachsschicht bilden, sollten sie unter warmem Wasser gereinigt werden.

Zutatenliste

Fruchtiger Blechkuchen
mit versunkenen Himbeeren

Zutaten

500 g Himbeeren
250 g Margarine und etwas Fett für die Fettpfanne
200 g Zucker
1 Pck. Vanillezucker
etwas abgeriebene Schale von 1 unbehandelten Zitrone
Salz
5 Eier
500 g Mehl und etwas Mehl für die Fettpfanne
1 Pck. Backpulver
200 g Sahne
1 EL Puderzucker

Zubereitungszeit: ca. 50 Min.
Für 20 Stücke

Zubereitung

1. Himbeeren waschen und verlesen. Margarine, Zucker, Vanillezucker, Zitronenschale und Salz mit den Quirlen des Handrührgeräts cremig rühren.

2. Eier einzeln unterheben. Mehl und Backpulver mischen und abwechselnd mit Sahne untermischen.

3. Backofen auf 175 °C (Umluft: 155 °C) vorheizen. Fettpfanne einfetten und mit Mehl bestäuben. Teig daraufgeben und glatt streichen. Himbeeren darauf verteilen.

4. Im vorgeheizten Backofen ca. 35–40 Minuten backen. Abkühlen lassen und mit Puderzucker bestäuben.

Tipp

Der Kuchen schmeckt so richtig nach Sommer, wenn saure Sahne, verfeinert mit einem Hauch von Minze, dazu gereicht wird. Wer es etwas schokoladiger mag, gibt noch ein Päckchen Schokoladentropfen in den Teig.

Zutatenliste

Stachelbeer-Streusel, glasiert mit Konfitüre

Zutaten

600 g Stachelbeeren
450 g Mehl
1 Pck. Backpulver
250 g weiche Butter
275 g Zucker
50 g Mandeln (gemahlen)
4 EL Milch
4 Eier
100 g Zartbitterschokolade (gerieben)
3 EL Aprikosenkonfitüre
etwas Puderzucker zum Bestäuben

Zubereitungszeit: ca. 1 Std. und 20 Min.
Für 1 Blech

Zubereitung

1. Backofen auf 180°C (Umluft: 160 °C) vorheizen. Stachelbeeren waschen, verlesen und gut abtropfen lassen. Blech mit Backpapier belegen. 200 Gramm Mehl und Backpulver in einer Rührschüssel vermischen. Je 150 Gramm Butter und Zucker, Mandeln, Milch und Eier zufügen und alles mit den Quirlen des Handrührgeräts erst auf niedrigster, dann auf höchster Stufe ca. 2 Minuten zu einem glatten Teig verrühren.

2. Hälfte des Teigs auf das Blech geben und glatt streichen. Andere Hälfte mit geriebener Schokolade vermischen und ebenfalls auf das Backblech geben. Stachelbeeren auf dem Teig verteilen. Kuchen ca. 30 Minuten im vorgeheizten Backofen backen.

3. Restliches Mehl, restlichen Zucker und restliche Butter mit den Händen zu Streuseln verarbeiten. Auf dem Kuchen verteilen und weitere ca. 20 Minuten backen.

4. Aprikosenkonfitüre unter Rühren erwärmen und durch ein Sieb streichen. Noch heißen Kuchen damit bestreichen. Auf einem Gitter abkühlen lassen. Vor dem Servieren mit Puderzucker bestäuben.

Zutatenliste

Heidelbeer-Blechkuchen
mit Streuseln

Zutaten

6 Gläser Heidelbeeren (Abtropfgewicht je 125 g)
400 g Zucker
1 Ei
8 EL Milch
6 EL Öl
700 g Mehl
250 g Quark
1 Pck. Backpulver
200 g Butter und etwas Fett für das Blech
nach Geschmack 2 Pck. Vanillezucker

Zubereitungszeit: ca. 45 Min.
Für 1 Blech

Zubereitung

1. Backofen auf 200 °C (Umluft: 180 °C) vorheizen. Heidelbeeren in einem Sieb abtropfen lassen. 200 Gramm Zucker, Ei, Milch und Öl verrühren. 500 Gramm Mehl, Quark und Backpulver zugeben und alles kurz vermischen.

2. Mit den Händen zu einem glatten Teig verkneten und auf einem gefetteten Backblech ausrollen. Beeren darauf verteilen.

3. Butter, restlichen Zucker und restliches Mehl zu Streuseln verarbeiten und über die Heidelbeeren streuen. Kuchen im vorgeheizten Backofen ca. 30 Minuten backen. Noch heißen Kuchen nach Geschmack mit Vanillezucker bestreuen.

Tipp

Diesen Kuchen können Sie ebenso mit Sauerkirschen, Pflaumen oder anderem Obst zubereiten. Alle Früchte vor dem Verarbeiten gründlich säubern und nach dem Waschen gut abtrocknen.

Zutatenliste

Schoko-Kuchen
mit versunkenen Aprikosen

Zutaten

6 Eier
250 g Zucker
280 g Butter und etwas Fett für das Blech
200 g Blockschokolade
240 g Mehl
1 1/2 kg Aprikosen
einige Minzeblättchen für die Garnitur

Zubereitungszeit: ca. 1 Std. und 15 Min.
Für 1 Blech

Zubereitung

1. Eier trennen. Eigelbe, Zucker und Butter schaumig rühren. Schokolade im Wasserbad schmelzen lassen und mit Mehl und steif geschlagenem Eiweiß unter die Buttermasse heben. Backofen auf 150 °C (Umluft: 130 °C) vorheizen.

2. Aprikosen waschen, entsteinen und halbieren. Teig auf ein eingefettetes Backblech geben, glatt streichen und Aprikosen mit der Schnittseite nach oben in den Teig drücken.

3. Im vorgeheizten Backofen ca. 50 Minuten backen. Auskühlen lassen und mit gewaschenen Minzeblättchen garnieren.

Tipp

Blechkuchen lassen sich besonders leicht vom Blech lösen, indem man sie zuvor mit dem noch heißen Blech auf ein nasses Tuch stellt. Den Kuchen können Sie auch mit gut abgetropften Aprikosenhälften aus der Dose zubereiten. Statt der Minzeblättchen können Sie ihn auch mit etwas Puderzucker bestäubt servieren.

Zutatenliste

Herzhafte Kuchen
& Tartes

Zwiebel-Blechkuchen
mit Schinkenspeck

Zutaten

400 g Mehl und etwas Mehl für die Arbeitsfläche
1 Pck. Trockenhefe
200 ml Milch
125 g Margarine (z. B. Sanella)
1 Prise Zucker, Salz, 5 Eier
1 kg Zwiebeln
100 g Schinkenspeck (gewürfelt)
2 Äpfel
250 g Cremefine zum Kochen (von Rama)
200 g Cremefine wie Crème fraîche zu verwenden (von Rama)
Cayennepfeffer, etwas frisch geriebener Muskat

Zubereitungszeit: ca. 1 Std. und 10 Min. (plus ca. 30 Min. Ruhezeit)
Für 16 Stücke

Zutatenliste

Zubereitung

1. Mehl und Trockenhefe in einer Schüssel mischen. Milch bei kleiner Hitze lauwarm erwärmen. 100 Gramm Margarine zugeben und in der Milch schmelzen lassen. Je 1 Prise Zucker und Salz unterrühren. Mit 1 Ei zu den Zutaten in die Schüssel geben und alles mit den Knethaken des Handrührgeräts zu einem glatten Teig verrühren. Teig mit einem leicht feuchten Tuch abdecken und an einem warmen Ort ca. 30 Minuten gehen lassen.

2. Zwiebeln schälen, halbieren und in dünne Ringe schneiden. Restliche Margarine in einem Topf erhitzen. Zwiebeln zugeben und bei milder Hitze glasig dünsten. Schinkenspeck mitgaren und etwas abkühlen lassen.

3. Backofen auf 200 °C (Umluft: 180 °C) vorheizen. Äpfel waschen, vierteln, entkernen und in feine Scheiben schneiden. Backblech mit Backpapier auslegen. Hefeteig auf einer leicht bemehlten Arbeitsfläche ausrollen und aufs Blech legen.

4. Cremefine und restliche Eier glatt rühren. Masse mit Salz, Cayennepfeffer und Muskat würzen. Zwiebeln, Schinkenspeck und Äpfel untermischen und Masse auf dem Teig verteilen. Zwiebelkuchen im vorgeheizten Backofen ca. 35 Minuten goldbraun backen. Lauwarm servieren.

Flammkuchen
mit Ziegenkäse und Honig

Zutaten

2 EL Öl und etwas Fett für das Blech
200 g Mehl
1 TL Salz und etwas Salz zum Würzen
200 g Crème double
200 g Zwiebeln
200 g Ziegenweichkäse
75 g Speck
2 EL Honig
einige Basilikumblättchen für die Garnitur

Zubereitungszeit: ca. 30 Min.
Für 1 Blech

Zubereitung

1. Öl, Mehl, 125 Milliliter Wasser und 1 Teelöffel Salz mit den Knethaken des Handrührgeräts zu einem homogenen, nicht mehr klebenden Teig verarbeiten. Bei Bedarf noch etwas Mehl zufügen. Teig dünn auf einem eingefetteten Backblech ausrollen.

2. Backofen auf 250 °C (Umluft: 230 °C) vorheizen. Crème double ein wenig salzen und auf den Teig streichen. Zwiebeln in dünne Ringe schneiden und gleichmäßig auf dem Teig verteilen.

3. Ziegenweichkäse in dünne Scheiben schneiden, Speck würfeln und Teig damit belegen. Flammkuchen im vorgeheizten Backofen ca. 15–20 Minuten backen, bis der Rand sich bräunlich färbt und der Käse zerläuft.

4. Honig über den Käse träufeln oder extra dazu reichen. Mit gewaschenen Basilikumblättchen bestreuen und sofort heiß servieren.

Tipp

Wenn der Honig zu fest oder kristallisiert ist, einfach im Wasserbad bei ca. 40 °C unter Rühren erwärmen. Nicht noch mehr erhitzen, sonst werden wertvolle Inhaltsstoffe zerstört.

Zutatenliste

Spargel-Blechkuchen,
garniert mit Basilikum

Zutaten

1 kg weißer Spargel
1 Pck. Backpulver
400 g Mehl
100 ml Öl
200 ml Milch
1 Ei
1/2 TL Salz und etwas Salz zum Abschmecken
250 g saure Sahne
frisch gemahlener Pfeffer
etwas Zucker
150 g geriebener Emmentaler
einige Basilikumblättchen für die Garnitur

Zubereitungszeit: ca. 1 Std.
Für 4 große Stücke

Zubereitung

1. Spargel schälen und holzige Enden abschneiden. Ca. 10 Minuten im Dampfkochtopf garen, sodass der Spargel noch ein wenig fest ist. In ein Sieb geben und beiseitestellen.

2. Backofen auf 200 °C (Umluft: 180 °C) vorheizen. Backpulver und Mehl in einer Rührschüssel vermischen. Öl, Milch, Ei und Salz zufügen und mit den Knethaken des Handrührgeräts zu einem glatten Teig verarbeiten. Teig auf einem mit Backpapier ausgelegten Blech ausrollen.

3. Saure Sahne mit Salz, Pfeffer und etwas Zucker würzen, Emmentaler unterrühren und Masse auf dem Teig verteilen. Spargelstangen nebeneinander auf den Teig legen. Ca. 25 Minuten im vorgeheizten Backofen backen und herausnehmen. Mit gewaschenen, klein geschnittenen Basilikumblättchen garniert servieren.

Tipp

Der Spargelkuchen schmeckt auch mit grünem Spargel lecker. Dieser muss nicht geschält werden und sollte höchstens 5 Minuten gegart werden.

Zutatenliste

Gemüse-Lachs-Kuchen
aus Quark-Öl-Teig

Zutaten

300 g Mehl
3 TL Backpulver
150 g Quark, 3 EL Joghurt
105 ml Milch und etwas Milch für den Guss
8 EL Öl, 3 TL Salz
3 rote Paprikaschoten
1 gelbe Paprikaschote
1/2 Kopf Brokkoli
2 Zwiebeln
150 g Tomaten (getrocknet, abgetropft)
120 g Lachs (geräuchert)
3 Eier, 300 g saure Sahne
75 g geriebener Käse
1 1/2 TL scharfes Paprikapulver, 1 1/2 EL edelsüßes Paprikapulver
frisch gemahlener Pfeffer

Zubereitungszeit: ca. 1 Std.
Für 1 Blech

Zubereitung

1. Mehl und Backpulver mischen, Quark, Joghurt, 105 Milliliter Milch, 5 Esslöffel Öl und 1 1/2 Teelöffel Salz zugeben und zu einem lockeren, luftigen Teig verarbeiten. Auf einem mit Backpapier ausgelegten Blech verteilen und Rand hochdrücken.

2. Paprikaschoten und Brokkoli waschen, Paprikaschoten entkernen und in dünne Streifen schneiden, Brokkoli in kleine Röschen zerteilen. Zwiebeln schälen. Zwiebeln und Tomaten fein hacken.

3. Backofen auf 200 °C (Umluft: 180 °C) vorheizen. Restliches Öl in einer Pfanne erhitzen und Paprika, Brokkoli und Zwiebeln darin ca. 5 Minuten bei mittlerer Hitze andünsten. Tomaten zugeben und kurz mitbraten, vom Herd nehmen und abkühlen lassen.

4. Lachs klein schneiden. Eier, saure Sahne, etwas Milch und geriebenen Käse verschlagen und mit Paprikapulver, restlichem Salz und Pfeffer abschmecken. Mit Lachs und Gemüse vermischen und auf dem Teig verteilen. Im vorgeheizten Backofen ca. 30–35 Minuten backen.

Zutatenliste

Kürbis-Käse-Kuchen

mit Kürbiskernen und Kräutern

Zutaten

400 g Mehl und etwas Mehl für die Arbeitsfläche
7 Eier
200 g Margarine und etwas Fett für das Blech
1 TL Salz
500 g Kürbisfleisch
400 g Schmand oder Crème fraîche
250 ml Milch
Salz
frisch gemahlener Pfeffer
etwas Kurkuma
etwas Koriander
150 g geriebener Greyerzer
60 g Kürbiskerne
frische Kräuter nach Geschmack

Zubereitungszeit: ca. 1 Std. (plus ca. 20 Min. Ruhezeit)
Für 1 Blech

Zubereitung

1. Gesiebtes Mehl, 1 Ei, Margarine und Salz in eine Rührschüssel geben. 2 Esslöffel Wasser zufügen und mit dem Knethaken des Handrührgeräts erst auf niedrigster, dann auf höchster Stufe durchkneten.

2. Auf einer bemehlten Arbeitsfläche mit den Händen zu einem glatten Teig verarbeiten. Ist der Teig zu klebrig, in Folie verpackt ca. 20 Minuten in den Kühlschrank stellen.

3. Backofen auf 160 °C (Umluft: 140 °C) vorheizen. Teig auf einem eingefetteten Blech ausrollen, im vorgeheizten Backofen ca. 10 Minuten backen und abkühlen lassen. Backofen nicht ausschalten.

4. Kürbisfleisch grob raspeln. Restliche Eier, Schmand oder Crème fraîche und Milch verrühren, mit Salz, Pfeffer, Kurkuma und Koriander abschmecken. Kürbisfleisch und geriebenen Käse unterrühren.

5. Masse auf dem vorgebackenen Boden verstreichen und weitere ca. 35 Minuten backen. Mit Kürbiskernen und frischen Kräutern garniert servieren.

Zutatenliste

Kartoffelkuchen
nach ostpreußischem Rezept

Zutaten

2 große Zwiebeln
1 kg Kartoffeln
2 Eier
125 g Mehl
Salz
frisch gemahlener Pfeffer
2 EL Majoran
200 g durchwachsener Speck
50 g Schweineschmalz

Zubereitungszeit:
ca. 1 Std. und 10 Min.
Für 1 Blech

Zubereitung

1. Zwiebeln und Kartoffeln schälen und fein reiben. Mit Eiern und Mehl vermischen. Mit Salz, Pfeffer und Majoran pikant abschmecken.

2. Backofen auf 180 °C (Umluft: 160 °C) vorheizen. Speck in feine Würfel schneiden und unter den Teig mischen. Blech mit Schweineschmalz einfetten und Teig darauf verteilen.

3. Im vorgeheizten Backofen ca. 1 Stunde backen. Noch heiß in Stücke schneiden und sofort servieren.

Tipp

Dieser ostpreußische Kartoffelkuchen geht auf ein altes Rezept zurück und trägt auch den Namen Kakalinski. Ursprünglich hieß er Kachalinski, da das fertige Gericht, auf dem Backblech geschnitten, an die Kacheln der alten ostpreußischen Feueröfen erinnerte. Den Kartoffelkuchen kann man auch mit Rosmarin verfeinern. Dazu passt grüner Salat oder Joghurt-Gurkensalat.

Zutatenliste

Griechischer Spinatkuchen
aus Strudelteig

Zutaten

250 g Strudelteigblätter (TK-Produkt)
1 kg junger Blattspinat
2 Knoblauchzehen
2 rote Zwiebeln
200 g Schafskäse
Salz
frisch gemahlener Pfeffer
etwas frisch geriebener Muskat
2 EL Olivenöl und etwas Fett für das Blech
2 EL Paniermehl
3 EL Milch
1 Ei

Zubereitungszeit: ca. 1 Std. und 10 Min.
Für 1 Blech

Zubereitung

1. Backofen auf 180 °C (Umluft: 160 °C) vorheizen. Teigblätter ca. 10 Minuten bei Raumtemperatur antauen lassen. 100 Milliliter Wasser aufkochen und Spinat darin zugedeckt bei mittlerer Hitze ca. 3–4 Minuten blanchieren. Über einem Sieb abtropfen lassen.

2. Knoblauch und Zwiebeln schälen und fein schneiden. Schafskäse in Würfel schneiden und mit Knoblauch und Zwiebeln unter den Spinat mengen. Mit Salz, Pfeffer und Muskat abschmecken.

3. Teigblätter entrollen. Backblech einfetten. Hälfte der Teigblätter auf das Blech legen und am Rand überstehen lassen. Mit etwas Olivenöl bestreichen. Paniermehl auf dem Boden verteilen und Spinatmasse daraufgeben.

4. Milch und Ei verschlagen. Milchmischung über den Spinatkuchen gießen. Restliche Teigblätter darauflegen und mit restlichem Olivenöl bestreichen. Überstehende Teigränder zur Mitte umklappen. Im vorgeheizten Backofen auf unterster Schiene ca. 35–40 Minuten backen.

Zutatenliste

Schmackhafte Focaccia
mit mediterranen Kräutern

Zutaten

20 g Hartweizengrieß
500 g Mehl
1 1/2 TL Paprikapulver
1/2 Würfel Hefe
4 EL Olivenöl
2 TL Salz
1 TL grobes Meersalz
1/2 TL getrockneter Rosmarin
1/2 TL getrockneter Thymian
1/2 TL getrockneter Oregano
1/2 TL getrockneter Salbei

Zubereitungszeit: ca. 45 Min. (plus ca. 1 Std. und 30 Min. Ruhezeit)
Für 1 Blech

Zubereitung

1. Hartweizengrieß, Mehl und Paprikapulver mischen. Hefe in 4 Esslöffeln Wasser auflösen. Unter die Mehl-Grieß-Mischung rühren und 3 Esslöffel Olivenöl sowie Salz zufügen. 300 Milliliter Wasser zugeben und zu einem homogenen Teig verkneten, bis er nicht mehr am Schüsselrand kleben bleibt. Zugedeckt ca. 1 Stunde an einem warmen Ort gehen lassen.

2. Backofen auf 220 °C (Umluft: 200 °C) vorheizen. Teig zu einem Fladen in Backblechgröße formen. Blech mit Backpapier auslegen und Teigfladen darauflegen. Vertiefungen in die Oberfläche drücken und restliches Olivenöl hineinträufeln.

3. Vorsichtig mit einem Tuch abdecken und Teig weitere ca. 30 Minuten gehen lassen. Meersalz und Kräuter darauf verteilen und im vorgeheizten Backofen ca. 20–30 Minuten goldbraun backen.

Tipp

Eine italienische Focaccia ist eine leckere Beilage zu Gegrilltem und sommerlichen Salaten. Das Brot ist auch eine typisch mediterrane Vorspeise, wenn man hochwertiges Olivenöl zum Eintunken dazu reicht.

Zutatenliste

Herzhafter Zucchinikuchen,
würzig mit Schinken

Zutaten

500 g Zucchini
2 Knoblauchzehen
1 Zwiebel
200 g geriebener Käse
1 EL Öl und etwas Fett für das Blech
200 g Mehl
5 Eier
150 g Schinken (gewürfelt)
Salz
frisch gemahlener Pfeffer

Zubereitungszeit: ca. 45 Min.
Für 4 Portionen

Zubereitung

1. Backofen auf 180 °C (Umluft: 160 °C) vorheizen. Zucchini waschen und fein raspeln. Knoblauch und Zwiebel schälen und fein hacken.

2. Gemüse mit Käse, Öl, Mehl und Eiern zu einem homogenen Teig verkneten. Schinkenwürfel zugeben. Mit Salz und Pfeffer würzen.

3. Teig gleichmäßig auf einem gefetteten Backblech verteilen und im vorgeheizten Backofen ca. 30 Minuten backen.

Tipp

Der Teig lässt sich leicht variieren, indem Sie Tomatenstücke, Mais oder Pilze zugeben. Vegetarier können einfach den Schinken weglassen. Der Kuchen schmeckt warm und kalt und lässt sich auch gut im Voraus zubereiten. Servieren Sie ihn doch einmal mit Tsatsiki: 1/2 Gurke schälen und grob reiben, gut salzen, umrühren und mindestens 30 Minuten in einem Sieb abtropfen lassen. 2 Knoblauchzehen schälen und pressen, Gurke, Knoblauch, 500 Gramm griechischen Joghurt, 2 Esslöffel Olivenöl und 1 Esslöffel Weinessig gut vermischen, salzen und pfeffern. Mindestens 2 Stunden im Kühlschrank durchziehen lassen.

Zutatenliste

Register

Ananas-Streuselkuchen, exotischer Genuss 48
Apfelkuchen für jede Jahreszeit 36

Flammkuchen mit Ziegenkäse und Honig 65
Fruchtiger Blechkuchen mit versunkenen Himbeeren 52

Gefüllter Bienenstich, beliebter Klassiker 12
Gemüse-Lachs-Kuchen aus Quark-Öl-Teig 69
Griechischer Spinatkuchen aus Strudelteig 74

Heidelbeer-Blechkuchen mit Streuseln 56
Herzhafter Zucchinikuchen, würzig mit Schinken 78

Johannisbeer-Kuchen mit Baiserhaube 40

Kartoffelkuchen nach ostpreußischem Rezept 73
Käsekuchen vom Blech für die ganze Familie 20
Käse-Streusel-Kuchen für die Kaffeetafel 15
Kirsch-Nuss-Kuchen, im Nu fertig 44
Klassische Donauwelle, cremig und fruchtig 23
Kokosnuss-Kuchen, schnell und einfach 27
Kürbis-Käse-Kuchen mit Kürbiskernen und Kräutern 70

Leckerer Birnenkuchen mit Amarettini und Mandeln 39

Mandelkuchen vom Blech, ofenfrisch köstlich 19
Mohn-Streusel-Kuchen mit Grieß und Puddingpulver 32

Pflaumen-Streusel, aromatische Köstlichkeit 43
Pudding-Schichtkuchen mit Schokoglasur 24

Rhabarber-Blechkuchen, süß trifft säuerlich 47

Schmackhafte Focaccia mit mediterranen Kräutern 77
Schoko-Brownies, lecker schokoladig 16
Schoko-Kuchen mit versunkenen Aprikosen 59
Serbische Krempita (Blätterteig-Cremeschnitte) 31
Spargel-Blechkuchen, garniert mit Basilikum 66
Stachelbeer-Streusel, glasiert mit Konfitüre 55

Tiramisu-Kuchen, originelle Variante 28

Zitronen-Blechkuchen, saftig und frisch 51
Zwiebel-Blechkuchen mit Schinkenspeck 62

Impressum

www.otus.ch
ISBN 978-3-03793-624-5

Komplettproducing: twinbooks, München
Texte: Andrea Müh für twinbooks, München
Text- und Abbildungsverzeichnis: Rama: 36/37, 42/43; Sanella: 18/19, 62/63; Shutterstock Images: 2 AnjelikaGr; 5 Natalie_Barth; 6 Bernd Juergens; 7 Juan Aunion; 8 runzelkorn; 9 TwilightArtPictures; 10 Azdora; 13 rainbow33; 14 A_Lein; 17 hlphoto; 21 pingpongcat; 22 Tobias Arhelger; 25 mythja; 26 Azdora; 29 fridamarija; 30 Elena Trukhina; 33 IngridHS; 34 Amallia Eka; 38 Amallia Eka; 41 A_Lein; 45 Oksana Shufrych; 46 IngridHS; 49 Amallia Eka; 50 AnjelikaGr; 53 Tatiana Vorona; 54 Dar1930; 57 Ana Photo; 58 Edith Frincu; 60 ziashusha; 64 larik_malasha; 67 Dar1930; 68 pearl7; 71 ziashusha; 72 Mi.Ti.; 75 zoryanchik; 76 Anna Shepulova; 79 A_Lein; Schmuckabbildungen: Shutterstock Images: Ohmega1982; NataLT; friztin; Cover: siehe S. 9